Made in the USA
Columbia, SC
08 November 2024

46020764R00072